DOCUMENTS ÉPISODIQUES

SUR LES

MOUVEMENTS INSURRECTIONNELS

DANS PARIS

DE 1830 A 1848

PAR

UN EX-OFFICIER SUPÉRIEUR DE L'ÉTAT-MAJOR GÉNÉRAL DE LA GARDE NATIONALE DE LA SEINE,

Officier de la Légion d'honneur.

PARIS

IMPRIMERIE SCHILLER,

FAUBOURG-MONTMARTRE, 11.

1857

AVIS.

Cédant aux instances réitérées de plusieurs personnages et de quelques amis, je me décide à mettre à jour différents faits historiques ignorés jusqu'ici du public et se rattachant aux mouvement insurrectionnels et aux tourmentes révolutionnaires qui ont tant agité la capitale pendant toute la durée du règne de Louis-Philippe.

En agissant ainsi, il n'entre nullement dans mon esprit l'intention de faire de la réclame en ma faveur, encore moins de me poser en historien ; mais bien de dire simplement, la main sur la conscience, ce que j'ai vu de près et la part que j'ai prise dans ces déplorables événements, sous l'inspiration de mon dévouement à l'ordre social et à la tranquillité de mon pays.

J'ose espérer que ces documents tomberont un jour sous les yeux d'un historien jaloux de faire connaître la vérité au public.

Ma signature, apposée à la suite de chaque récit, en garantit la véracité.

DOCUMENTS ÉPISODIQUES

SUR

LES MOUVEMENTS INSURRECTIONNELS

DANS PARIS

DE 1830 A 1848.

JUGEMENT DES MINISTRES DE CHARLES X.

DÉCEMBRE 1830.

Placé à la tête de ma compagnie, de piquet rue Madame, au poste du théâtre Bobino, le jour de la dernière audience de l'affaire des ministres de Charles X, il m'a été donné d'intervenir dans une scène violente qui, sans mon énergie, pouvait amener une sanglante et irréparable catastrophe.

Peu de moments avant le prononcé de l'arrêt par la Cour des pairs, un officier de service au palais du Luxembourg vint me prévenir secrètement que les ministres allaient passer devant nous et que je ne devais rien négliger pour prévenir un conflit qu'on redoutait entre les anarchistes et les mécontents de la garde nationale, d'une part, et d'autre part, l'escorte chargée de défendre les condamnés contre toute attaque.

A la suite du prudent avis qui venait de m'être donné, je me hâtai, pour rendre le passage libre, de faire rompre les faisceaux qui barraient la rue Madame ; je formai ma compagnie en colonne serrée par sections, et je vins l'établir rue de Fleurus, où je fis de nouveau former les faisceaux dans le même ordre en colonne.

Il y avait peu de temps que nous étions au repos, lorsqu'une bruyante rumeur s'éleva du côté de la rue de Vaugirard, et que les cris furieux de : « *A bas les ministres ! Mort aux ministres !* » se firent distinctement entendre. A ces cris d'alarme, et se doutant que le gouvernement faisait enlever les ministres pour les soustraire aux actes de vengeance qui pouvaient les menacer, les malintentionnés de ma compagnie, excités d'ailleurs par une nuée d'avant-coureurs anarchiques, sautèrent avec fureur sur les faisceaux, s'emparèrent de leurs armes, et, animés incontestablement de la funeste intention de s'emparer des ministres, se précipitèrent, la baïonnette croisée, au-devant des voitures escortées qui venaient dans notre direction, et qui étaient en vue.

Mais aussi agile qu'eux et plus résolu peut-être, je m'élançai au pas de course à leur suite ; je les devançai, et une fois arrivé à leur tête, je relevai à grands coups de sabre les baïonnettes croisées, au moment où arrivaient les voitures, qui franchirent ainsi librement ce passage, qui pouvait être le théâtre d'une scène de massacre. Grâce à ce succès, les ministres purent poursuivre leur route jusqu'à leur triste destination, et ma compagnie n'eut pas à se reprocher de s'être associée à la consommation d'un crime.

L'énergie avec laquelle j'avais bravé le danger ne fut pas, en ce moment, du goût de tout le monde ; et cela est si vrai, que, sans une verte harangue par laquelle j'avais cru devoir ramener les exaltés au sentiment de l'honneur, j'aurais eu certainement à me défendre personnellement contre les attaques de ces derniers, auxquels, du reste, les gardes nationaux bien pensant s'attachaient à faire entendre raison. Mais bientôt l'instinct de la réflexion revint aux plus exaltés, et tous vinrent me féliciter de leur avoir, par ma courageuse spontanéité, épargné le remords d'un semblable forfait.

Au moment de venir rejoindre mon bataillon, place de l'Odéon, je reçus l'ordre de me rendre avec ma compagnie, au pas de course, rue Racine, pour y dégager une compagnie de grenadiers de la 2ᵉ légion, qui avait commis la faute de remettre la baïonnette dans le fourreau en présence de l'émeute, et était dangereusement pressée par elle. Ma subite apparition sur le terrain cédé, à la tête de deux divisions, et ma résolution bien manifestée de tenir en respect cette foule audacieuse, ne tarda pas à rendre le calme habituel à ce quartier, qui, ce jour-là, était envahi par un grand nombre d'élèves des Ecoles de droit et de médecine, dont les idées démagogiques ne laissaient pas que de semer partout les germes de discorde.

A la suite de ces faits, le colonel de la Riboissière de la 5e légion, vint me témoigner, sur la place de l'Odéon, et en présence de la troupe, sa haute satisfaction ; il m'offrit aussi de me présenter au roi pour réclamer la croix de la Légion d'honneur, pour laquelle j'avais été proposé par le maréchal Soult, major-général de l'armée, à la suite de la bataille de Waterloo, le 18 juin 1815 ; proposition à laquelle les événements politiques qui se succédèrent fatalement à cette dernière époque ne permirent pas de donner suite.

Sur ma réclamation, cette croix me fut rendue peu de temps après, à la satisfaction générale de ma compagnie, et même de mon bataillon.

J. PEGOUT,

Rue Bourbon-Villeneuve, 35.

Paris, le 20 janvier 1831.

AFFAIRES DU CLUB HUBERT

MANÉGE PELLIER, RUE MONTMARTRE.

1830.

Étant de service de ronde dans le 5e arrondissement, j'eus connaissance par Rey et Romagny, infatigables artisans d'émeutes à cette époque, qu'on se battait à coups de couteau et de poignard au manége Pellier.

Comme je me trouvais dans le voisinage du 3e arrondissement, je me rendis au pas de course sur les lieux, afin de m'assurer par moi-même de l'exactitude des faits, et d'agir ensuite suivant mes impressions. Je dus constater que l'anxiété du quartier était extrême. La rue Montmartre était obstruée, au point d'intercepter la circulation, par une foule d'individus dont les propos séditieux et les allures énergiques ne trahissaient que trop les coupables intentions. Le club était en pleine effervescence, et l'inquiétude des habitants était au comble. Déjà un grand nombre de patrouilles de la garde nationale sillonnaient la foule en tous sens; mais, commandées par des chefs incapables ou irrésolus, elles étaient impuissantes à intervenir dans ces scènes tumultueuses.

Convaincu que le moment était venu de mettre un terme à toute mansuétude, et ne prenant conseil que de mon patriotisme, je crus devoir intervenir de ma personne, et je pénétrai dans le club. Je me dirigeai vers le bureau, et j'enjoignis résolûment au président Hubert de lever sur-le-champ la séance; j'ajoutai que si ma signification n'obtenait pas un effet immédiat, la salle serait évacuée de vive force, et que main basse serait faite sur les récalcitrants; puis je me retirai.

1.

Les officiers et les gardes nationaux des patrouilles (dont quelques-uns me connaissaient), instruits de la résolution que je venais de signifier, m'offrirent spontanément leur concours et se placèrent sous mes ordres, afin d'en finir une bonne fois avec les anarchistes. J'acceptai ces précieuses dispositions, mais à la condition que je serais obéi sans réserve.

Une fois fixé sur la valeur des ressources dont je pouvais disposer pour l'accomplissement de la tâche que je m'étais créée et qui n'était pas sans péril, je réunis toutes les patrouilles, j'en formai deux divisions que je plaçai à droite et à gauche de l'entrée du club, après avoir préalablement dispersé la foule qui en encombrait les abords.

Ces dispositions prises, je pénétrai une seconde fois dans le club, et bravant les menaces furieuses qui retentissaient à mes oreilles, j'annonçai que j'allais agir..... La séance fut levée aussitôt, et, quelques jours après, le club fut irrévocablement fermé.

Cette évacuation fut effectuée aux applaudissements des paisibles et laborieux habitants du quartier.

Il était, à ce moment, une heure après minuit.

J. PEGOUT,

*Capitaine commandant la 3ᵉ compagnie du 2ᵉ bataillon
de la 5ᵉ légion.*

Paris, novembre 1830.

AFFAIRE DE LA PORTE SAINT-DENIS,

1831.

A la tête d'une vingtaine de grenadiers de la 5e légion, 2e bataillon, j'ai dû contenir environ deux cents insurgés armés qui s'étaient réfugiés dans le café de la Porte-Saint-Denis, après avoir brisé tous les réverbères et tendu des cordes à l'entrée des rues, après y avoir semé des éclats de bouteilles et de verres, pour empêcher la cavalerie de s'approcher et de les atteindre ; huit de mes grenadiers furent blessés par eux à coups de pierres et de bouteilles lancées avec rage.

Le capitaine Dupont, de l'état-major général de la garde nationale, à la tête d'une nombreuse patrouille, vint me prêter main-forte, et le café fut immédiatement évacué et fermé. Il était alors une heure après minuit.

Le lendemain, je reçus la visite de M. Mariotte, un des chefs des mouvements de l'époque, et qui se trouvait dans le café. Il était chargé de me féliciter sur ma modération, et de me témoigner, au nom de ses acolytes, les regrets qu'ils éprouvaient de ce que, de leur part, on se fût conduit aussi lâchement envers nous.

Je repoussai ces félicitations, et répondis au messager qui en était porteur : « Si j'avais eu une cinquantaine d'hommes de plus sous mes ordres, je vous aurais fait payer cher votre odieuse conduite, et je vous aurais appris à ne pas traiter la garde nationale comme des cosaques. »

J. PEGOUT,

Chevalier de la Légion d'honneur, capitaine commandant
la 3e compagnie du 2e bataillon de la 5e légion.

Paris, octobre 1831.

AFFAIRE

DITE

DE L'ARC DE TRIOMPHE DU CARROUSEL.

1831.

M. Peyre, architecte du gouvernement, alors colonel de l'état-major de la garde nationale de la Seine, présidait, en tenue militaire, à la substitution des bas-reliefs de l'époque de l'Empire à ceux que la Restauration avait fait placer à l'arc de triomphe du Carrousel.

Le peu de soin que prenaient les ouvriers au déplacement et à la descente de ces derniers bas-reliefs, avait obligé M. Peyre à leur faire, au point de vue de l'art et de l'histoire, des recommandations dans le but de les ménager le plus possible. Ces précautions si simples, si légitimes, furent si mal interprétées par les anarchistes qui étaient présents à l'opération, qu'ils saisirent M. Peyre au collet, lui arrachèrent ses insignes et son épée, en criant : *C'est un jésuite ! c'est un gueux ! Il faut en finir avec lui, il faut le tuer !*

La multitude, qui jusque-là avait été contenue par la troupe de ligne, rompit tout à coup ses digues, se répandit comme un torrent sur la place, à ce point qu'un malheur devint imminent pour les plus stoïques. Du perron du quartier général, où il se trouvait en ce moment en tenue, le colonel Jacqueminot, chef d'état-major général de la garde nationale, instruit de ce qui se passait, s'élance au secours du colonel Peyre en perçant la foule. Les anarchistes se ruèrent sur lui et lui firent éprouver le même sort qu'à ce dernier.

J'étais de piquet avec ma compagnie dans la cour des Tuileries ; j'eus à peine connaissance des faits ci-dessus, qui s'étaient accomplis avec tant de promptitude, que je fis ouvrir la grille du milieu, et secondé du chef de bataillon de service au poste de la Fontaine (je regrette que le nom de cet officier supérieur m'ait échappé), je me jetai au milieu de la foule pour protéger le colonel Jacqueminot, objet des mauvais traitements les plus graves. Au mépris des plus

1..

grands dangers, nous parvînmes, le commandant et moi, à nous emparer de la personne du colonel, et nous l'entraînâmes dans la cour des
Tuileries, harcelés par une foule compacte et furieuse, vociférant des
cris de mort, et qui tentait les efforts les plus désespérés pour nous
l'enlever de nouveau.

Pendant la durée de cette lâche attaque, un grenadier de la 2e légion
de la banlieue, dont la compagnie se trouvait également de piquet
dans la cour des Tuileries, oubliant à la fois les règles de la discipline
et tout sentiment d'honneur, se fit jour dans le groupe, abattit son
arme, et porta au général Jacqueminot un coup de baïonnette qui eût
certainement atteint cet officier supérieur si je n'eusse vigoureusement relevé l'arme et renversé dans le groupe le grenadier coupable
de cette tentative d'assassinat.

On s'empara de ce grenadier ; mais, dans l'appréhension d'un conflit
entre la garde nationale de Paris et celle de la banlieue, dont cette
circonstance eût été le prétexte, je le fis relâcher immédiatement. Les
anarchistes, déconcertés de notre contenance et de notre ferme résolution de protéger le colonel jusqu'au bout, se dispersèrent et nous
laissèrent maîtres du terrain.

Puis, par un instinct spontané de dévouement, et pour relever le
colonel dans l'esprit de la troupe qui était sous les armes, nous eûmes
l'heureuse pensée, qui fut immédiatement réalisée, d'envoyer chercher
chez Dassier une paire d'épaulettes de colonel et une épée; nous le
décorâmes de ces insignes et l'engageâmes à passer de suite devant
le front de la troupe, qui l'accueillit aux cris de : *Vive le colonel
Jacqueminot!*

En passant devant ma compagnie, le colonel vint à moi, me prit les
mains, me les serra avec effusion, en m'exprimant la vive reconnais-
sance dont il était pénétré.

La garde nationale à cheval de service et quelques gardes nationaux
à pied nous prêtèrent en cette circonstance un loyal et courageux
concours.

J. PEGOUT,

*Chevalier de la Légion d'honneur, capitaine commandant
la 3e compagnie du 2e bataillon de la 5e légion.*

Paris, octobre 1831.

AFFAIRE DES POLONAIS

DANS LA COUR DU PALAIS - ROYAL ET SOUS LES CROISÉES DU ROI

1830.

Une bande d'émeutiers avait envahi la cour du Palais-Royal, et vociférait les cris de : *Vive la Pologne !...* Une collision survint bientôt, à coups de poing, de chaise, de bâton, contre les agents de la force publique.

Une compagnie de voltigeurs d'infanterie de ligne et un détachement de garde nationale intervinrent pour réprimer ce mouvement insurrectionnel ; ils furent assaillis et eussent infailliblement été désarmés, sans leur énergique contenance.

Le général Alex. de Laborde, aide de camp du roi, descendit en tenue pour imposer son autorité aux insurgés, et eût été certainement victime de son dévouement en raison de son âge avancé et de sa faible constitution, si je ne l'eusse arraché de vive force des mains des misérables qui s'étaient déjà rués sur lui. Je le reconduisis dans les appartements du palais.

Le général, reconnaissant, et sachant que j'étais capitaine dans la garde nationale, m'exprima l'intention de me présenter de suite au roi ; je refusai avec gratitude, en disant : *Je n'ai fait, mon général, que mon devoir !*

J. PEGOUT,

Chevalier de la Légion d'honneur, capitaine commandant
la 3e compagnie du 2e bataillon de la 5e légion.

Paris, décembre 1830.

CONVOI DU GÉNÉRAL LAMARQUE.

JOURNÉES DES 5 ET 6 JUIN 1832.

La garde nationale de la Seine assistait en grande partie, avec sabre seulement, et sans convocation officielle, aux obsèques du général, avec l'unique intention, il faut le dire, de rendre les derniers devoirs à un vieux guerrier qui s'était illustré sur presque tous les champs de bataille de la République et de l'Empire, et d'honorer un député qui avait jeté un certain éclat sur la tribune législative par l'élévation et l'éloquence de ses discours, en défendant les intérêts du peuple et la dignité du pays. Placé à la tête de ma compagnie, à la suite du convoi, il m'est donné de mentionner quelques affligeants détails sur les épisodes qui se déroulèrent pendant le cours de cette triste cérémonie.

Dès le matin du 5, Paris était sillonné en tous sens par des bandes factieuses, dont les propos séditieux et les allures décidées ne laissaient que trop pressentir que la funèbre cérémonie ne s'accomplirait pas sans être l'occasion de quelque sanglante tentative. On sait, en effet, que le lendemain 6, le quartier Saint-Merri fut le théâtre d'un combat acharné, et que le sang y coula abondamment.

Les premiers actes d'hostilité eurent lieu place de la Concorde. Sur ce point, les anarchistes, coiffés de bonnets phrygiens, se ruèrent sur les agents de la force publique, et, malgré notre intervention, se saisirent d'un sergent de ville et le précipitèrent dans un des fossés de la place, aux cris de rage de : *Vive la république !* puis ils s'acheminèrent vers la Bastille, en parcourant les boulevards.

Quélques instants après cette déplorable scène, le cortége se mit en mouvement et continua sa marche jusqu'au pont d'Austerlitz. Pendant tout le parcours des boulevards on voyait les délégués des sections démagogiques circuler le long des flancs de la colonne de la garde nationale, prendre avec un soin minutieux les noms des officiers qui commandaient, afin de savoir exactement sur quel concours ils pouvaient compter pour le succès de leur projet, celui de renverser, par un audacieux coup de main, le gouvernement de juillet, auquel depuis 1830 ils avaient juré une haine implacable, une haine à mort.

Toutefois, malgré ces symptômes qui ne laissaient pas que d'avoir leur signification, et à part quelques actes isolés de brutalité, le trajet jusqu'au pont d'Austerlitz se fit avec assez d'ordre pour qu'on pût espérer que les démonstrations séditieuses du matin n'auraient pas d'autres suites.

Mais lorsque la tête de la colonne de la garde nationale fut parvenue sur ce point où le corps du général venait d'être exposé, elle fut arrêtée dans sa marche par un mouvement insurrectionnel qui éclata tout à coup. Les factieux voulaient enlever le corps de vive force pour le conduire au Panthéon. De son côté, l'autorité, respectant les dernières volontés du défunt, tenait à faire transférer sa dépouille mortelle dans son pays natal. Toutefois, après une lutte acharnée, force resta à la loi. Le corps du général fut enlevé par l'autorité et dirigé sous forte escorte vers la barrière d'Enfer.

Vaincus sur ce point, les sectionnaires se répandirent dans tout Paris, la rage au cœur, en criant : *Aux armes! On égorge nos frères! Aux armes! On tire sur la garde nationale!...* Ils s'emparèrent même de la voiture dans laquelle était monté le général Lafayette, dételèrent les chevaux et la traînèrent à bras dans Paris. Ils comptaient, à l'aide de cette mise en scène, intéresser à leur cause la population paisible et même la garde nationale. Heureusement il n'en fut rien; au contraire, cette dernière, indignée de ces audacieuses provocations, se hâta de rentrer dans ses quartiers respectifs, afin d'y prendre les armes et de se tenir prête à tout événement; ce qu'elle fit avec beaucoup d'ordre, de calme et de résolution.

Ici se place un fait qui produisit une impression profonde sur le moral des insurgés, et qui fait le plus grand honneur à celui qui l'accomplit. En longeant le boulevard de la Contrescarpe pour rentrer dans Paris, la colonne de la garde nationale fut audacieusement coupée par une bande d'insurgés, chefs en tête, drapeau rouge déployé, sur lequel se lisait la devise des Jacobins : *La Liberté ou la Mort !* Et cela précisément à hauteur de ma compagnie. Dès que j'eus pressenti cette irruption, j'avais recommandé à la hâte à mes hommes 1° de passer les sabres devant eux pour n'être pas désarmés ; 2° de se donner le bras pour ne pas être désunis ; 3° de serrer en masse pour résister énergiquement au choc qui allait nous atteindre. Malgré ces précautions, la colonne n'en fut pas moins coupée..... C'est à ce moment que M. Lugan, capitaine de voltigeurs du 2e bataillon, qui se trouvait par hasard près de moi, s'élança sur le drapeau de la révolte et l'abattit à ses pieds. Cet acte de résolution faillit coûter la vie à cet officier, qui fut saisi par les factieux et courut les plus grands dangers. Heureusement que, voyant l'imminence du péril, je l'embrassai à la hâte par le milieu du corps, et par une violente secousse de côté, je l'arrachai des mains de ces forcenés et le jetai au milieu de nos rangs, qui passèrent par-dessus lui et l'abritèrent ainsi d'une nouvelle irruption. Grâce à ma résolution et au mouvement d'en avant de la colonne, le capitaine Lugan fut sauvé, et la bande d'anarchistes, privée sans retour de son signe de ralliement, se découragea, s'effraya, et se débanda enfin à un point tel que les insurgés se sauvèrent dans toutes les directions en injuriant la garde nationale.

Quelques instants auparavant, une scène non moins grave se passait boulevard Bourdon. Deux escadrons du 6e régiment de dragons avaient exécuté une charge sur les insurgés pour dégager le grenier d'abondance dont ceux-ci voulaient s'emparer. Quelques dragons d'arrière-garde avaient été surpris, et il ne s'agissait de rien moins que de les précipiter dans le canal. Mais mes cris énergiques : Non ! non ! répétés par la garde nationale, et mon intervention soutenue par elle, firent lâcher prise aux insurgés, et les dragons furent sauvés.

Sur mon rapport écrit au colonel de la Riboissière, et sur ma demande expresse, le capitaine Lugan fut décoré peu de temps après, (Voir le rapport du maréchal Lobau, 5e légion.)

Le lendemain 6, pendant que le canon grondait à Saint-Merri, à la tête de quelques tirailleurs, soutenu que j'étais par deux pelotons placés sous le commandement du chef de bataillon Gros-Saint-Vincent,

je repoussai vigoureusement par des feux de chaussée les insurgés,
dont le but était, à n'en pas douter, de s'emparer de la mairie du
5ᵉ arrondissement, située alors rue Thévenot, et m'emparai d'un drapeau placé sur une barricade (au coin de la rue Mauconseil) défendue
assez énergiquement par Rey et I......

J. PEGOUT,

*Chevalier de la Légion d'honneur, capitaine commandant
la 3ᵉ compagnie du 2ᵉ bataillon de la 5ᵉ légion.*

Paris, août 1832.

AFFAIRE FIESCHI.

1835.

Le 25 juillet 1835, jour à jamais néfaste, je faisais partie du groupe royal, comme aide de camp du général Friant, qui commandait sa brigade, et que le roi passait en revue sur les boulevards. Au moment de la décharge de la machine infernale, je me trouvais juste à côté du colonel Raffet, commandant la gendarmerie de la Seine, quand il fut blessé mortellement. Mon cheval se cabra, s'abattit, et je vis alors devant moi toutes les victimes se débattre contre la mort au milieu d'une mare de sang ! La population, effrayée de cet horrible attentat, prit la fuite dans toutes les directions, en répandant partout cette affreuse nouvelle.

En secourant le colonel Raffet, qui chancelait sur son cheval à me faire craindre de le voir tomber, j'aperçus M. Thiers, alors président du conseil des ministres, mettre vivement pied à terre et s'empresser, en passant entre les chaises, les bancs, les tables qui garnissaient le devant du café des *Mille Colonnes*, d'arriver à la porte de la maison où se trouvait la machine qui venait de foudroyer tant de braves militaires, un vieux maréchal de France et tant de bons citoyens...

Quand je vis, avec un sentiment de joie inexprimable, le roi et ses fils à cheval, à travers le groupe de cavaliers qui les entourait, cherchant à rassurer la foule épouvantée, je brandis mon sabre en criant : Vive le roi !... Ce cri, répété par les masses, parcourut les boulevards jusqu'à la place Vendôme, où se trouvait la reine.

Je fus aussitôt envoyé par le général Friant pour annoncer à la famille royale que le roi et les princes avaient échappé, grâce à Dieu, à cet affreux danger ; mais la foule, troublée et inquiète, me gêna tellement qu'il me fut impossible de m'acquitter de cette mission.

Le roi, malgré ce tragique et épouvantable événement, n'en continua pas moins la revue avec calme... En arrivant à la place Vendôme, il fut accueilli avec des transports de joie et, pendant le défilé, il faillit plusieurs fois être renversé de son cheval...

Rien ne saurait rendre l'effet saisissant et douloureux que produisit la vue de deux divisions de grenadiers de la 8e légion dont les pantalons blancs et les fourniments étaient couverts de sang...

Le lendemain matin je fus visiter, dans la chambre même, la machine infernale ; je l'examinai avec une minutieuse attention, et je pus constater que dix canons n'avaient pas fait feu (c'étaient fort heureusement les cinq des deux extrémités), et que chaque canon, dont quelques-uns avaient crevé, contenait vingt-cinq projectiles, ce qui faisait six cent vingt-cinq pour toute la batterie établie, bien entendu, horizontalement sur la fenêtre. Il est évident que si l'assassin avait mis le feu à l'extrémité de gauche, le roi eût été mortellement atteint ainsi que les princes...

J. PEGOUT,

Chevalier de la Légion d'honneur, capitaine attaché à l'état-major général du maréchal Lobau (garde nationale).

Paris, août 1835.

INSURRECTION DE BARBÈS.

———

MAI 1839.

Le dimanche 12 mai, je venais de déjeuner au restaurant de *Frères Provençaux*, en compagnie d'anciens officiers de cavalerie, mes frères d'armes du 1er régiment de hussards de l'Empire, et des hussards du Nord (4e régiment de la Restauration). J'étais monté dans un omnibus qui devait me conduire à la destination que je voulais atteindre. Quelques moments après, vers trois heures et demie de relevée, cette voiture fut arrêtée dans son parcours par les insurgés, et servit de base à la première barricade de l'émeute ; rue aux Ours, au coin de la rue Bourg-l'Abbé. Je fus donc témoin des premiers actes, des préludes, en quelque sorte, de l'insurrection ; c'est dire que je suis en mesure de rappeler comment les faits ont pris naissance et quelle part j'ai prise aux dispositions qui furent immédiatement arrêtées pour en prévenir et ensuite en réprimer les funestes conséquences. Voici les faits.

L'omnibus dans lequel j'étais monté était arrivé rue aux Ours, où, comme dans la rue Saint-Denis, régnait le calme le plus parfait. A ce moment, un individu, que plus tard (lors du jugement de cette affaire par la Cour des pairs) je reconnus pour être Martin Bernard, se présenta résolûment devant le marche-pied de la voiture, somma le conducteur de faire arrêter, et, d'un ton impératif, ordonna à tous les voyageurs sans exception de descendre s'ils ne voulaient pas qu'il leur arrivât malheur.

Obéissant avec effroi à cette injonction, les voyageurs descendirent rapidement de la voiture et s'empressèrent de prendre la fuite. Seul je restai, désireux de connaître le mobile de la conduite de cet individu. Je m'approchai de lui et le sommai de me dire ce qui se passait. Il me fit connaître qu'avant cinq minutes un mouvement insurrectionnel éclaterait, et il m'engagea à me retirer sans perdre un moment et à rentrer chez moi si je ne voulais pas être du nombre des victimes de cette affaire, qui ne devait pas manquer d'être sanglante. Il venait à peine d'achever, que trois individus en casquette et en blouse, et qui n'étaient autres que des insurgés, s'approchèrent de moi, me confirmèrent l'avis que je venais de recevoir, et ajoutèrent que la rue Bourg-l'Abbé était remplie d'hommes déterminés, commandés par un chef armé jusqu'aux dents et coiffé d'un large chapeau de paille, que je supposai devoir être un signe de ralliement pour ses complices, en cas d'échec.

Pour m'assurer bien exactement de l'état des choses et agir en conséquence, je me rendis, malgré le danger qu'on me faisait envisager, au coin de la rue Bourg-l'Abbé, où je pus constater qu'on s'occupait activement à construire la barricade en question, pour laquelle on avait renversé l'omnibus dont j'ai parlé, et un fiacre qui s'était trouvé sous la main. Ne pouvant plus douter de l'imminence du danger, je pris la direction de la rue Saint-Denis, avec l'intention d'informer de ces faits l'état-major de la garde nationale. J'eus à peine fait quelques pas, que j'aperçus dans cette même rue Saint-Denis deux sergents de ville causant fort tranquillement ensemble en tournant le dos à la rue Mauconseil. Je les abordai et leur demandai s'ils savaient ce qui se passait rue Bourg-l'Abbé : ils ignoraient tout absolument, et, chose inouïe, 20 mètres à peine les séparaient du foyer de l'insurrection. L'un d'eux n'eut besoin de faire que quelques pas obliquement à droite pour se convaincre de la triste réalité, et confirmer à son camarade que les barricades s'élevaient. Pour agir d'influence sur eux, je me fis alors connaître comme capitaine d'état-major de la garde nationale de Paris, et je leur prescrivis d'aller immédiatement prévenir de ce qui se passait, l'un M. Gabriel Delessert, préfet de police, l'autre le commissaire de police du quartier. Ils partirent devant moi au pas de course.

Sans perdre une minute, j'entrai au poste de la rue Mauconseil, occupé alors par l'infanterie de ligne ; je prévins le chef de poste du mouvement insurrectionnel qui allait éclater, et l'invitai à se mettre sur la défensive. Je revins rue Saint-Denis, où, en face la porte du magasin de nouveautés des *Statues de Saint-Jacques*, stationnait une petite voiture dans laquelle je m'élançai, avec ordre au cocher de me conduire à la place du Carrousel, au quartier général de la garde nationale. J'avais eu le temps cependant d'engager M. Chardon, mon ami, chef de cette maison, de fermer de suite son établissement. Il eut à peine le temps d'y pourvoir, car les premières balles arrivèrent chez lui pendant la fermeture.

A mon arrivée à l'état-major général, je ne trouvai de présent que le chef d'escadron de service (M. de Fermont, député) ; je l'informai de ce que j'avais vu, entendu et fait, et le priai de faire d'urgence le nécessaire pour arrêter en quelque sorte dans son germe cette insurrection naissante. Ses premières impressions furent l'incertitude, l'hésitation…. Il me fit observer qu'il ne croyait pas pouvoir agir en l'absence de M. le maréchal commandant en chef. Je répondis à cet officier supérieur que, puisqu'il en était ainsi, je prenais sur moi la responsabilité de tout ce qui allait suivre, et que j'allais en conséquence donner par écrit des ordres aux légions les plus éloignées, de battre le rappel, de se réunir et d'attendre des instructions, et aux troupes qui environnaient les Tuileries et l'état-major, de prendre les armes sur-le-champ. Quant aux légions centrales, je jugeai qu'elles prendraient naturellement les armes, et qu'il pouvait y avoir grande imprudence à exposer les tambours à être massacrés. Mon langage fit taire toutes les hésitations du commandant, qui consentit à me prêter son concours et qui signa immédiatement les ordres.

Je me rendis ensuite de ma personne au palais des Tuileries, dont le commandant, M. le colonel Biffeldt, était absent ; je m'adressai, à son défaut, au capitaine Schœrer, officier de service au palais, qui, sur mon simple avis, et avec le plus louable empressement, prit immédiatement toutes les dispositions commandées par les circonstances, fit fermer toutes les grilles et mettre tous les postes intérieurs sous les armes. Toutes ces mesures prises, je courus chez moi revêtir mon uniforme, monter à cheval, et je revins au galop à l'état-major. Qu'il me soit ici permis d'ajouter sans présomption que de tous les gardes nationaux qui le matin n'étaient pas de service, je fus le premier à mon poste et prêt à agir.

J'arrivais à peine au quartier général, qu'une dépêche de la préfecture de police nous apprit l'attaque du poste du palais de justice et l'enlèvement de celui de l'hôtel de ville. En ce moment, le général Duchamps, commandant l'école d'artillerie de Vincennes, arriva, vêtu en bourgeois, au galop, sur le cheval d'un garde municipal tué sous ses yeux, et nous confirma l'attaque meurtrière du poste du palais de justice (il avait encore sur sa botte gauche un morceau de cervelle provenant de l'une des victimes de cette attaque) ; et il fut heureusement surpris de nous voir déjà préparés à faire face à tout, malgré l'absence du maréchal commandant en chef.

Il était bien essentiel pour nous, à ce moment, de savoir si les ordres expédiés étaient bien parvenus aux mairies lointaines. Je partis, dans ce but, au grand trot, pour visiter celles des 9e, 10e, 11e et 12e arrondissements. Le bruit du rappel qui arrivait à mes oreilles et la vue des gardes nationaux qui commençaient à se réunir me donnèrent bientôt la preuve que je cherchais.

Après m'être assuré que les instructions envoyées s'exécutaient à souhait, et avoir accompli ma tournée à travers des quartiers vivement émotionnés par le bruit des batteries inusitées, je rentrai de nouveau à l'état-major par les quais, non sans avoir couru de grands dangers.

Pendant mon absence, M. le maréchal était rentré à l'état-major général ; il avait paru très-surpris du déploiement des dispositions militaires qui avaient été prises, et les approuva pleinement quand il connut le motif qui les avait dictées. Immédiatement il prit de fortes dispositions pour combattre vigoureusement cette audacieuse sédition. Il était alors quatre heures et demie. On était au plus fort de la lutte.

Grâce à l'énergie et à l'élan de la garde municipale, qui avait courageusement défendu ses postes et enlevé les barricades, à la vigueur de l'armée et de la garde nationale, la défaite et la dispersion des anarchistes ne se firent pas attendre. Avant minuit tout était terminé. Le lendemain matin l'ordre était rétabli partout, à la grande joie des citoyens.

Vers les deux heures du matin, j'avais été chargé de porter des cartouches à la garde nationale qui occupait le poste de la barrière Ménilmontant, qu'elle venait de reprendre à l'émeute et qu'il fallait conserver à tout prix. M. le capitaine d'état-major Amiot voulut bien m'accompagner dans ma périlleuse mission.

Il m'est maintenant permis de dire, d'après les faits qui précèdent
et dont tous ceux qui me connaissent peuvent attester l'authenticité,
que, sans l'active vigilance que je déployai au point même où cette
insurrection prit naissance, sans la résolution que je crus devoir
prendre d'office, après l'hésitation du commandant de Fermont, de
donner les ordres commandés par les circonstances, et de les faire
exécuter devant moi, sous ma responsabilité, cette redoutable émeute
aurait eu des conséquences aussi sanglantes que celles dont la capitale
a depuis été le théâtre en 1848.

Il ne faut pas oublier que l'insurrection avait choisi avec la plus
habile perfidie l'époque de l'année où les jours sont presque les plus
longs ; le temps, qui était magnifique ; le jour, qui était un dimanche,
où les citadins se portent en foule à la campagne ; l'heure où les
militaires de la garnison, sortis de leurs quartiers, envahissent les
promenades et les faubourgs ; puis enfin cette circonstance que
presque tous les corps de la garnison avaient reçu de nouvelles desti-
nations, que quelques-uns avaient déjà quitté Paris pour faire place
à d'autres qui n'étaient pas arrivés. Tout semblait assurer la victoire à
l'émeute, et par cela même compromettre infailliblement, par un hardi
coup de main, la sûreté des princes, qui se trouvaient aux courses du
Champ de Mars précisément dans le moment de cette levée de bou-
cliers révolutionnaire.

Après l'affaire, le corps des officiers fut surpris de ne pas voir figu-
rer mon nom dans le rapport qui en fut fait par M. le maréchal. Mais
aussi, peu de temps après, malgré mon refus, je fus élu à l'unanimité
chef d'escadron dans le même corps.

J. PEGOUT,

Chevalier de la Légion d'honneur, capitaine attaché
à l'état-major général du maréchal Gérard.

Paris, juin 1839.

PARIS. — IMPRIMERIE SCHILLER, FAUBOURG-MONTMARTRE, 11.

www.ingramcontent.com/pod-product-compliance
Ingram Content Group UK Ltd.
Pitfield, Milton Keynes, MK11 3LW, UK
UKHW021040120726
13693UKWH00005B/2347